Tendrá tu rostro
y llevará tu nombre

RODRIGO GARRIDO PANIAGUA

Tendrá tu rostro
y llevará tu nombre

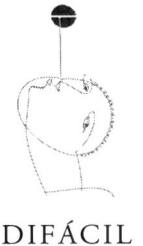

DIFÁCIL

Fue hace doscientos millones de años. Ayer mismo.
LUIS ANTONIO DE VILLENA

Nuestros instantes de felicidad
no son sino las chispas de espadas al chocar.
JUAN VICENTE PIQUERAS

Solo tengo un pasado que tiembla entre luciérnagas.
MIGUEL VELAYOS

La poesía no es fuego, ni su brasa
siquiera, es el recuerdo de un recuerdo.
SERGIO FERNÁNDEZ SALVADOR

I

SUEÑO CON UN HOMBRE QUE PODRÍA SER YO DENTRO DE UNOS AÑOS

Un hombre,

        que podría ser yo dentro de unos años,

se detiene en mitad de su paseo.

Dentro de su cabeza un ruido similar al de los vehículos eléctricos.

A su alrededor,

        los coches, la gente,

        los pájaros que se abren a la fragilidad del cielo

circulan a cámara superlenta. Parpadea

y entonces la luz del mediodía

le ofrece un planeta que se despeña vertiginosamente.

Las personas que pasan por su lado se balancean.

¿Dónde termina el rostro de una y comienza el de otra?

Observa con asombro el tiempo deslizarse a través de los edificios.

El color de sus fachadas cambia de tonalidad según avanzan

las décadas en su cabeza.

Un silbido taladra la mañana.

Se tapa los oídos con las manos

para convertirlo en el balbuceo de un recién nacido.

Echa su cuerpo hacia delante

para eliminar los residuos tóxicos de su vida.

Busca el consuelo

contando el número de baldosas que va dejando atrás.

Al levantar la mirada descubre que la calle por la que transita
es un collage desordenado:

Una ventana encendida de Lisboa junto a los templos ortodoxos de
Bucarest junto a un banco de Central Park junto a la Mezquita Azul
de Estambul junto a los taxis negros de Londres junto a una pareja
besándose en el puente de Alejandro III de París junto al obelisco de
la avenida Nueve de Julio de Buenos Aires.

Entre tantos giros de la vida,
intenta encontrar en su memoria una imagen sencilla
que haga descender el ritmo de sus pulsaciones,
por ejemplo, la vez que escribió en la playa su nombre,
por ejemplo, la vez que escribió su nombre sobre la madera del pupitre.

Su nombre.
¿Acaso en una ruborizada mañana de primavera
alguien puede olvidar su nombre?

Echa a correr y en cada uno de los escaparates con los que tropieza
ve reflejada su vida,
desde su infancia hasta la arrugada ausencia de su madurez.

Quién es toda esa gente que hay dentro de mí,
que me señala y me grita, se pregunta.

Su imagen es recogida por diferentes circuitos cerrados de televisión.
Uniendo todas las señales se podría apreciar
el progresivo deterioro de su mente.

Su corazón
y la parte interna de sus muslos
se han convertido en un criadero de moluscos.
La sensación es la de cientos de caracoles trepando por su cara.

Un perro callejero pasa por delante con los restos de su memoria.
Suplica a los viandantes que compartan con él sus vivencias.
Sobre sus ojos cerrados sueña que hay dos piedras pintadas
con sus ojos abiertos.

De repente alguien que le sonríe le coge la mano
y lo llama por un nombre que al principio no reconoce.

La temperatura de su corazón sube y en el cielo de su nuevo yo
varios globos aerostáticos se desplazan a una velocidad inapreciable
mientras en su cabeza suena una canción de los Beatles.

Es entonces cuando se calma y sonríe
y se le empañan los ojos porque la imagen es tan bella
que piensa que no le puede estar sucediendo nada malo.

II

CIERRO LOS OJOS
Y MI MEMORIA ES UN COLLAGE DESORDENADO

EL SOL VERTICAL DEL PASADO
ARDE A LA ALTURA DE MIS OJOS

Atraviesa mi mente una imagen de mí mismo cuando era niño,
        un galopar en algún lugar de la noche
que se aleja como un final de película
con las primeras luces plateadas del día.

Agito las manos para apartar la niebla
que latido a latido
se ha ido acumulando

y veo a un niño que recoge chatarra en el extrarradio,
pide en los bares las chapas de las botellas,
escribe en las aceras negras
el hermoso nombre de una de las chicas del colegio.

El sol vertical del pasado arde a la altura de mis ojos.

Me pregunto quiénes fueron mis antepasados.
Quiero decir,
      aquellos que en la profundidad de la historia
      llevaban la sangre que habría de ser mi sangre.

Hay algo de custodia y de caja de secretos en las superficies bruñidas
que devuelven mi imagen. Algo de amasijo de siglos,
de misterio enmohecido por el sol y la lluvia.

Una lágrima se descuelga por los espejos de todas las peluquerías.

¿De verdad que no podemos regresar de incógnito,
ni siquiera unos minutitos, y pasear
pegados a la pared como sospechosos de un crimen atroz?

En la distancia de mi memoria veo llorar a un niño,
porque los niños lloran
cuando sus madres se alejan y ya sólo pueden sentirlas
al otro lado de la valla del colegio.

Veo iluminados,
          ofreciendo una esperanza,
los portales donde mis primeros besos se hicieron carne,
las borrascas que sobrevuelan los semáforos y su advertencia
de no ir más allá de las fronteras prohibidas.

Veo las mismas calles de entonces al finalizar noviembre.

¿Acaso no consiste en eso la vida,
en ir desprendiéndose de todas las posesiones
hasta quedarse con la esencial presencia
de la memoria?

Todos alguna vez hemos puesto nuestro nombre a un lugar de la ciudad.

Por las noches,

        encaramado en la atalaya de mis cuarenta y ocho años,
espero a que regresen esas calles que una vez fueron mías.

Agradezco el olvido a las firmes manecillas del tiempo
porque así

        recobro en cada silencio un pasado nuevo.

MIS RECUERDOS AMENAZAN CON QUEMARSE

He atravesado millones de metraje desordenado
e inservible de mi propia vida
para estar en el interior de mi propio recuerdo,

ese en el que me encuentro montado en una bicicleta
en la galería de la primera casa.

Un ruido de grillos o de cinta rebobinada a toda velocidad
me ha acompañado durante todo el viaje.

Ahora tan sólo hay un silencio discontinuo
como si alguien estuviera manipulando el cable del canal del sonido
que conecta mis oídos con el interior de mi cerebro.

Camino con dificultad por la desnudez de aquella estancia
que ya no nos pertenece.
Como si estuviera nadando en el interior de una piscina olímpica,
muevo los brazos para avanzar,
pero no siento la atmósfera del agua vibrar entre mis dedos.

Con una ligereza de día sin importancia,
el niño que fui
posa para la fotografía con una camisetita de tirantes a rayas.

El recuerdo amenaza con quemarse
como un bosque de vida en manos de un pirómano.

Hay una violenta explosión de verano.
Hay una excesiva claridad que desdibuja los contornos.

Me siento diminuto al compararme.
A pesar de ser más alto, albergo la misma tristeza sin nombre
y poseo menos tiempo para reparar
las grietas de los altos ventanales del cielo.

Ahí quieto,
con la luz que entra por su izquierda, parece una figura de cera
o un maniquí hiperrealista.

Si me acerco creo oír mi propia respiración.
Si me separo observo que temo de igual manera los peligros del mundo
y las cosas hermosas que me esperan.

Con la bici se juega en la calle,

                          le digo en un susurro.

Siempre preferiste lo recogido de la timidez
al honor de los primeros elegidos.

Sal y conoce el nombre de los días y
anuncia al mundo que tienes una voz que algún día

romperá corazones y
arrímate a los demás niños que, aunque no te lo parezca,
están igual de solos que tú.

Al acercarme a su pecho compruebo que posee
el corazón estéril de un animal disecado.

Me asombro al observar cómo mis huesos y mis músculos
y todo el peso que arrastro a mis espaldas
han sido capaces de conquistar este volumen.

Tengo la tentación de tocar sus mejillas,
pero nunca me he atrevido a mancillar una figura sagrada.

El recuerdo comienza entonces a temblar y a sufrir mutaciones.

Mis extremidades dejan una triple estela multicolor cuando me muevo.
En lo profundo de sus ojos observo la imagen de mí mismo
estremecerse en el interior del vientre materno.

El sonido regresa y el ambiente es inundado por un zumbido de parto.
De nada sirve llorar.

El recuerdo es un sol luminoso que se extingue y su lugar
es ocupado por el inquietante vacío de los parques al anochecer.

Qué impresión da el comprobar que los años
no han servido para sanar las tristonas quemaduras de lo cotidiano.

Todos mis recuerdos son la arquitectura que me sostiene.

Ahora lo sé.
Siempre que miro hacia el pasado veo un niño en el que la vida
depositaba poco a poco su poesía.

EL CIELO ERA DE UN AZUL TAN PERFECTO

Al final del día
        echo los párpados,
y lo que debía de ser una oscuridad de tienda cerrada
se convierte en un vaivén de colores.

Las imágenes parecen brotar de una multitud de fuentes.
Y de repente un hilo de oro
con el anzuelo de la melancolía en el extremo.

He picado y de lo que mastico sale un néctar maravilloso.

Mi padre aprieta mi mano en una explanada asilvestrada
que años después será
        un aparcamiento para amantes,
y ahora
        un supermercado vacío en donde anidan
        y vuelan de extremo a extremo los pájaros
        y el eco de otros.

Paseamos con el color salvaje de las flores a la altura de mis ojos.

En mi mirada, un lienzo
que entonces clasificaba de alucinación infantil
y que ahora se ha convertido en alta tragedia de asfalto.

El fuerte calor de su mano no era comparable
a los tibios rayos de sol
de los primeros días de primavera.

De él,
        de sus extremidades, de sus ojos,
de las puntas de su cabello rizado,
emanaban tallos de flores rojas a punto de reventar.

Éste podría ser mi primer recuerdo,
pero la memoria se presenta desordenada
como esa caja metálica en donde guardo mis coches en miniatura.

Qué ha sido de aquel que fui y de aquel que fue mi padre,
de las descoloridas calles de los años ochenta,
del revoloteo de los insectos
en el interior de las casas abiertas e iluminadas.

El tiempo,
        ataviado con los instrumentos de la destrucción,
practica un genocidio tranquilo sobre los lugares importantes.

Es posible que fueran las primeras horas de la tarde
de un mes de marzo.

El cielo era de un azul tan perfecto
y nosotros desprendiendo el olor hermoso de la vida.

Mi memoria es una selva que es un crucigrama que es un desvelo que
me estremece Este poema que al leerlo hace que de mi boca nazca un
regalo cura todas mis dolencias Trago saliva de emoción al pasar por
aquel aparcamiento La luz de este recuerdo se cuela en el desván de
mi mente e ilumina su desorden

ALGUIEN EN EL FUTURO TENDRÁ TU ROSTRO
Y LLEVARÁ TU NOMBRE

¿Has visto alguna vez cómo la enfermedad transforma en antorchas
las copas de los árboles,
cómo el vuelo incendiado de los vencejos
ilumina los atardeceres de los enfermos?

¿Has visto las cimas puntiagudas de los edificios
caer sobre los escombros,
las ventanas que quedan en pie abiertas por ambos lados a un cielo
que no sirve de refugio?

¿Has visto desaparecer la identidad de una persona en la radiografía
de un cerebro en ruinas?

Para evitar ser vacío,
                amor,
me miro en los espejos y ensayo interminables monólogos.

Sabes que temo a esa enfermedad que excava en la memoria
y alza, triunfante y burlona, un botín de pequeñas estatuillas.

Porque las yemas de mis dedos necesitan la electricidad de las horas,
acaricio las texturas del día
                    (luz incandescente, asfalto, lluvia, tu cuerpo).

Y porque quiero dialogar con el olvido para salvar de su hoguera
la moribunda respiración de las fotografías,
compruebo lo que mi corazón causó entre los que amo y amé.

Si alguna vez mi mirada se perdiera buscando un yo inexistente,
y caminara hacia la nada, y sonriera a destiempo,
y mi cabeza se poblara del revoloteo febril de las jaulas abiertas,
y hasta mis costillas regresaran las ballenas a varar,

y a ti se te ensombreciera el rostro al contemplar mi desorientación,
cógeme de la mano.

Cógeme de la mano
mientras el sonido de lo salvaje vuelve a conquistar mi mundo,
y la maleza sepulta mis recuerdos convirtiéndolos también en selva.

Hasta que la sal la transforma en un pozo seco,
la memoria tiene aspecto de yacimiento inagotable.

Del perfil de mis labios alzan constantemente el vuelo
palabras que te nombran,
y con la mirada puesta en el infinito de las calles
me esfuerzo en rebuscar los reflejos deformados de mi infancia.

El resultado es un vaivén de pasados y días presentes
en los que a veces confundo los rostros y los lugares,

el odio y el amor,

        el que fui con el que soy.

El tiempo pasa sin oírse y cada día
siento en mayúsculas
las mañanas del mejor de los paraísos posibles.

Sé que alguien que en el futuro tendrá tu rostro y llevará tu nombre
me estará esperando.

Lo que quiero decir es que quizá para mí
todo vuelva a convertirse en un misterio.

En los días de niebla juego a olvidar mi nombre.

UN CADÁVER FLOTA BOCA ABAJO
EN MITAD DE UNA PISCINA

Es verano y el sol
surca como un surfista profesional la cresta de una ola.

Al borde de la piscina una adolescente observada por sus padres
titubea frente al agua como si fuera a dar el primer beso de su vida.

La sombra,
que es la prueba irrefutable de que la Tierra se mueve de puntillas,
avanza hacia el otro extremo tendiéndonos una emboscada,
como un ejército que viniera de más allá del muro.

He visto casi un millón de veces esa película en la que un cadáver
que flota boca abajo en una piscina es el narrador de su propia muerte.

De pequeño también imitaba los gestos de mis actores preferidos.

Mecido al antojo del bamboleo del agua
es lo más cerca que voy a estar jamás de la gravedad cero del universo.

Los pájaros trazan de orilla a orilla la partitura del verano
y la luz reflejada en el mosaico color bruma verde de la piscina
crea figuras incandescentes

como cuando cierro los ojos y a través de los párpados
se aviene el pasado.

El pasado:
No recuerdo la vez que estuve en casa de mis primos
y fuimos a bañarnos.

Sí recuerdo que la estela de los coches, ese ruido
que a la velocidad e intervalos adecuados
es como una madre que mece la cuna,
me ayudó a conciliar el sueño.

Sé que una vez tuve diez, nueve y hasta ocho años.

En la tumbona tú lees
Memorias de una cocinera inglesa de los años veinte
mientras la estela de un avión parte en dos mitades iguales
el azul del cielo.

Sientes que te observo.
Disimulas manteniendo la mirada sobre las hojas escritas,
pero ya sin leer nada.
Te lo noto porque tus pupilas vagan
eludiendo la disciplina de los renglones.

Impaciente mueves los pies y haces como que estás en otro tiempo.

Y cuando no puedes más, cuando un ansia de amor te supera,
por fin levantas la cabeza, me sonríes y me saludas con la mano.

«Es el verano de 2024. Provincia de Cáceres. Tengo 46 años.»

Mentalmente pronuncio estos datos sencillos e irrepetibles,
como un escolar que fuera a ser preguntado por el profesor,
mientras buceo atravesado por las flechas de luz
que caen en picado desde el cielo.

A mi alrededor, la adolescente
ya se ha echado espléndida y definitivamente a los brazos del amor,

tú con el libro sobre el pecho me lanzas besos desde la otra orilla,

de un lugar muy lejano, de más allá incluso
de la realidad de la que formamos parte, parecen llegar
las voces alegres de mis primos.

No recordar es mantenerse en el agua
a merced del chapoteo de los otros,
atravesar la vida reinventando una y otra vez la felicidad y la culpa.

El cloro y la música que proviene de una casa cercana
hacen que pierda la noción del tiempo que pasé en mi infancia.

Otros que también han sido yo
todavía flotan boca abajo en mitad del agua.

«Es el verano de 2024. Provincia de Cáceres. Tengo 46 años.»

Y en cada vuelo rasante,
poco a poco,
los pájaros se llevan toda el agua de la piscina hasta vaciarla.

VOLUNTAD DE CONSERVAR INTACTOS
LOS VESTIGIOS DE UN INCENDIO

Los tiempos se han vuelto tremendamente violentos, te digo.

Mira todos esos fragmentos de mármol
que antes adornaban los templos clásicos.
Parecen las víctimas de la explosión de un nuevo coche bomba
en una calle cualquiera de Bagdad.

A Dionisio le han cercenado las extremidades
con las que servía el vino.
Atenea ha sido borrada de su pedestal de piedra.
Pero ¿dónde está la sangre?

Las ropas se pegan a sus cuerpos
impulsadas por la fuerza de la onda expansiva,
y en la tienda de souvenirs
los turistas encorvan su mirada y compran recuerdos.

Observa ahora tu figura reflejada en una de las vitrinas del museo,

como si fuera la primera vez que vieras tu imagen,
como si fuera la de un desconocido del que descubrieras sus ojos
puestos sobre tus ojos.

De repente eres consciente de la historia y del paso de las eras,
de que todas las vidas son pequeñas,
de que el movimiento de tus pestañas agita otras nubes
en algún lugar alejado del planeta,
de que lo humano no envejece.

Si me quedo quieto mirando mi rostro enmarcado
en el metal de un casco,
si acerco mi mano a la empuñadura de una espada,
si acomodo mis labios a las copas de cristal
que una vez albergaron vino,
pienso,

   ¿heredaré el bendito abecedario de mis antepasados?

Soy un guerrero que ama en la larga agonía de su horizonte.
Soy un campesino que planta de sudor y eterno anonimato
los largos reinos del cielo.
Soy una dama que al despertar unge su cuello
con el perfume de las flores.

Ahora tienes dos mil quinientos años
y paseas entre el resto de los visitantes ataviada con una túnica morada
y coronada con una ramita de laurel bañada en oro.

¿Qué hay en ellos que te recuerde a ti?

Igual que tú sonríen al observar el pálido sexo de las estatuas,
señalan con asombro un tesoro que jamás podrán tocar,
se acercan a las diminutas cartelas y se inclinan ante ellas
igual que si hicieran una profunda reverencia.

Como tú,
        reconozco mi sangre y mi memoria en todos ellos porque la vida
es un juego de espejos que prolonga nuestra imagen hasta el infinito,
un eco que rebota en las paredes de los aparcamientos
de todos los polígonos del mundo
y perdura.

Siento el fluir del tiempo circulando entre los dedos.
Siento el fluir del tiempo,
                    repito,
que es el pasar de la gente que como nosotros busca en su interior
ese espacio seco
que dejan los coches estacionados en un día de lluvia.

Gira como un balón de playa lanzado a la profundidad del espacio
la bóveda celeste sobre nuestras cabezas.

Tranquila, yo también percibo un profundo vértigo,
como el que sufre la Victoria de Samotracia
al asomarse a la dulzura estética de una botella bien fría de Coca-Cola.

Los días anteriores son ya un incendio.

Mañana,
de todos estos pensamientos que ahora hierven en nuestro cerebro
sólo quedarán fascinantes destellos

                 de luz desorientada y sin sentido
que vibrarán bajo nuestros párpados cada vez que cerremos los ojos.

Una niña huye de las esculturas mutiladas El vigilante de la sala mira
su reloj inteligente Una cámara al azar capta la caricia de dos enamo-
rados Los bustos del museo cruzan involuntariamente sus miradas y
sus gestos quedan petrificados para siempre Los senos de las diosas
clásicas apuntan al cielo El perfume de las damas de la antigua Roma
duerme en pequeños frasquitos imperfectos de cristal azul

YO TAMBIÉN QUIERO SER UN POETA ASESINADO

El verano es violento.

Se destiñe el campo del color de las amapolas
igual que en un ajuste de cuentas entre gánsteres.

Los muros están coronados con botellas rotas de diferentes tamaños.
La sequía avanza camuflada entre estos bonitos
y habituales días azules.

El verano es violento.

Sueño que un hombre me dispara en la cabeza mientras sueño.
Yo también quiero ser un poeta asesinado.

El eco de las descargas interrumpe para siempre
la alegría de las promesas.
Todo el amor de un hombre desaparece derramado por las alcantarillas.
De repente los pájaros toman de la ciudad el cielo.

He caído en la carretera igual que un castillo de naipes,
y fragmentos de mi memoria
han quedado incrustados en los muros.

Veo a un niño que soy yo
disparando una escopeta de perdigones en una barraca de feria.
Al mismo niño ofreciéndole la medallita de latón ganada a su madre.

Qué absurdo el precio del oro y el propio ser humano
que otorga valor exagerado a lo que únicamente brilla por fuera.

Las balas dibujan un mapa de sangre sobre mi camisa blanca.
Desde el asfalto
          veo el mundo que ha quedado más vacío de luz que nunca,
          a los adolescentes que filman con el móvil
          esta naturaleza muerta.
          Huelo la brea desnuda que acaricia mi piel y mi pelo.
          Oigo decir a una mujer:
          «un hermoso cadáver embellece la monotonía
          de esta larguísima tarde».

Todas las palabras que he escrito
son poemas que me han estallado en los labios
como el color de las vidrieras en las catedrales.

Un poema es una erección
que se recita en la fiebre verde de las plazas
y desaparece.

Su poesía es el auténtico autorretrato del poeta.

Regresan los pájaros con sus ojos de medio lado.
Se posan sobre mi pecho de respiración quieta,
oyen los motores de los coches alejarse,
aproximan sus picos al color de la herida.

De mi cuerpo sale humo.
Un incendio devora mis entrañas hasta agotarse.
Desde mi posición también veo mal pintada
la línea discontinua de la carretera.
Siento que la luz me traspasa sin quedarse.

Me gustaría haber hecho algo importante en la vida:

        atrapar un pájaro, por ejemplo, conservar su vuelo.

Desconozco si mi nombre aparecerá mañana en los periódicos
y si será pronunciado por distintas personas a la vez
en diferentes lugares del mundo.

La gente se aparta para no pisar mi sombra.
Mi cara se ha desencajado como al leer un gran verso,
        como cuando un orgasmo,
        como cuando un orgasmo.

Ya no espero a nadie.

Del cielo se caen definitivamente las estrellas.

Mi muerte es ya para siempre.

                              Incalculable.

HACE CUARENTA AÑOS FUI UN SOLDADO
DEL GENERAL CUSTER

La casa es un prado que tiembla.

Mi caballo,
       que permanece a mi lado y lame los pétalos de las amapolas
       que crecen en las grietas del rodapié,
cambia de color cada vez que parpadeo.

He perdido el sombrero
y el cañón de mi rifle asoma a medio metro de mi cuerpo,
debajo de un sofá fantasma.

El fuego de los carromatos amenaza con pasarse a las cortinas.
Los jefes indios fuman la pipa de la victoria delante del televisor,
y sus rostros se intercambian aleatoriamente
con los de los presidentes asesinados de los Estados Unidos.

La escena es muda porque no consigo recordar
cómo sonaba ninguna de las voces
que me ayudaban a comparar mi tamaño con la proporción del universo.

A veces escucho una palabra
que parece un llanto que parece un muerto que parece un ladrido,
pero nunca hemos tenido perro.

Hace cuarenta años fui un soldado de la caballería
tendido en mitad del pasillo.

Las flechas han agujereado mi espalda y el corazón de la fruta.
Los disparos han provocado desperfectos
en la fotografía de casados de mis padres.
El tiempo huele a libros de texto y a la lluvia
del medio oeste norteamericano.

Paseo por aquella casa
que es el pasado que es una pantalla encendida llena de interferencias
como si fuera un hogar desconocido.
Acaricio los profundos orificios de las balas
y me llevo los restos de su pólvora tóxica a la boca
creyendo que es la ceniza de los santos esparcida por los ríos.

La intuición me dice que fui un soldado
a las órdenes del general Custer,

un muchacho situado en la tercera o cuarta fila
con el amor aún escondido entre los pliegues del uniforme y el miedo
en cada paso que me acercaba a la verdad del mundo.

Aún creo recordar la melodía que silbábamos
cuando entrábamos en batalla,
¿o acaso eso pertenece a una película?

Cada vez que hago el esfuerzo de mirar atrás
veo a un niño diferente caer del caballo,
con otra ropa, con otra edad,
como si el recuerdo fuera uno y mil a la vez, un bucle multicolor
de grabaciones caseras,

                    lo mismo que no poseer nada.

En aquella corta vida de niño, ¿qué recuerdos iluminarían el juego
en la última fase del corazón?

Desconozco hacia dónde dirigía los pocos segundos de precisión
que me quedaban en la mirada,
qué se veía más allá de la niebla del combate.

Desconozco cuál es el último recuerdo de los muertos.

Los rayos de un sol exhausto
empiezan a inclinar las sombras de los objetos
y mi cuerpo aún no ha sido recogido ni puesto con los demás cadáveres.

De la cocina llega un olor a sartén y a puchero.
No sé si son los restos del rancho del mediodía o mamá
que ya debe de estar preparando la cena.

¿Qué niño no ha sentido la tentación de las armas,
jugar de balcón a balcón con pistolas de plástico a abatir al vecino?

Alrededor de mi cuerpo los penachos de los indios muertos
y cabelleras cortadas;
mi caballo que busca comida entre las bolsas de basura.

Del ocaso de mis labios cuelga un hilo de saliva
que ensucia el suelo original de madera.

Yo tenía unas pistolas de plástico que simulaban ser de plata No
recuerdo el nombre del vecino de enfrente De adulto crucé un río
montado a caballo Aún conservo el fuerte de la caballería norteame-
ricana Yo tenía en el pecho una estrella de seis puntas Nuestros dis-
paros nunca rompieron los cristales de los balcones Jugábamos antes
de la merienda A veces moría él A veces moría yo

DE NIÑO, LA MUERTE DE OTRO NIÑO

Porque un recuerdo no se agota de tanto acudir a él,
al contrario,
se hincha igual que las nubes que alimentan de calor y humedad
su núcleo,
acudo a una escena de amor y tragedia:

Lloro,
y mi madre, para distraerme, juega conmigo a las cartas.

No necesito más versos.
Misteriosos haces de luz hacen aparecer las imágenes,
como en el milagro que se produce
durante el revelado de una fotografía.

De niño, la muerte de otro niño, al principio
es la muda impresión de quien ve caer inmaculados copos de nieve
que a su contacto con el mundo se ensucian.

Después, un llanto huracanado.

Y por último,
la semilla de lo inevitable en algún lugar escondido de la conciencia
que despunta como el primer brote de un jardín doloroso,

una mirada herida que salta de espejo en espejo
extraviada ya para siempre.

Lo que primero comprendí fue el dolor.
De la ternura de mi madre, que me hipnotiza, fui consciente
años más tarde.

Visito aquellos instantes
y sus imágenes se asemejan a las películas comerciales que emiten
a la hora de la siesta,
porque el pasado,

        a pesar de tener aspecto de antigua cerámica heredada,
es un melodrama desahuciado y simplón.

Hay días en los que coloco el dedo índice de la mano derecha
sobre la sien
e identifico el lugar exacto en el que se halla este recuerdo.

Envidio a aquellos que son capaces de escribir de todo su pasado
como si abrieran un grifo y de repente
salpicara un contexto de primeros latidos y canciones infantiles.

¿A dónde han ido a parar todas esas horas transformadas en días
transformados en años transformados en vida?

Este pequeño recuerdo cabe en la palma de mi mano
como si fuera una cría de gorrión caída de las alturas.

De mi infancia apenas conservo un puñado de mí.

Creo recordar que tenía nuestra misma edad Me pregunto qué estaría haciendo yo cuando ocurrió el accidente Mi madre me dejó ganar a las cartas Las lágrimas fueron mi única conversación Ésta es una de mis primeras heridas Al día siguiente los amigos tardamos en decir la primera palabra

EL SOL QUEMA LAS ALAS DE OTROS PÁJAROS

Tenemos casi cinco kilómetros de playa envuelta en un sol
que gira como la carne en una barbacoa
y moderadas ráfagas de levante.

La arena ha sido estirada como un edredón
a primera hora de la mañana,
pero algunas gaviotas,
                    las más traviesas,
deshacen la lisura del mundo con sus huellas triangulares.

Tenemos a los primeros bañistas cargados con la esperanza del verano
a sus espaldas.

La playa empieza a cubrirse aleatoriamente de toallas y cuerpos
y sombrillas y neveras de color azul.

Es el momento en el que la calma de un planeta desocupado deja paso
al hinchado alboroto de los adolescentes.

El mar hipnotiza, como el fuego o un niño columpiándose.

Si uno consigue concentrarse, logrará oír tan sólo
la advertencia histórica del mar
y los coletazos de los últimos peces capturados.

Tenemos a miles de ciudadanos anónimos que han decidido,
igual que yo,

        mirar la profundidad del mar y suspirar.

Observo las caras de aquellos con los que me cruzo durante el paseo
y me siento el hombre más ignorado de la Tierra.

Aquí ya nadie tiene nombre, ni clase social, ni pasado,
ni mucho menos futuro.

El futuro es una palabra vacía de significado
igual que el discurso de un turista borracho.
Y el pasado, un álbum de fotografías antiguas
pisoteado por el trasiego de bañistas.

La arena que sobrevuela el ambiente difumina mi identidad
y me confundo con una pareja que se retuerce sobre la toalla,
y adquiero el cuerpo de una joven que toma el sol
como si formara parte de un cuadro de Edward Hopper,
y leo a través de los ojos de quien ama por encima de todo los libros.

Qué placer desprenderse por un instante de estas formas de mi cuerpo
que dicen ser yo.

¿También mis recuerdos,
que burbujean en el interior de una lata de refresco,
serán los de otros?

Por tanto, tenemos el agua del mar lamiendo la base de los castillos.
Las gaviotas llevándose en su pico el atardecer
como diminutos filamentos de azafrán.
El día hecho barro.

En la orilla, un grupo de niños remueve con sus palas
el viscoso cadáver de una medusa.
Un miedo inexplicable me indica que sigo estando vivo.
Aquella tarde de julio
ya se encuentra grabada para siempre en mi memoria.

Tenemos sobre el horizonte un velero. Un velero sobre el horizonte
mientras el sol inclina su cabeza
                    y quema las alas de otros pájaros.

AMBOS POSAMOS CON LAS MONTAÑAS
A NUESTRAS ESPALDAS

Mira el silencio del restaurante a la una de la tarde, me dices,
cuando el olor de la cocina anunciaba manjares
que parecían hechos sólo para nosotros.

Mira el reloj de nuestras muñecas
marcar el nivel más bajo de pulsaciones,
la luz que entra por las ventanas y que nos eleva hasta alcanzar
la altura de las montañas más altas,
          allí donde a primera hora de la mañana el sol derretía sus cimas
          y las aves arrancaban de las grietas
          los últimos rescoldos de la noche.

En el interior de esta fotografía,
continúas,
existe un significado profundo
que alcanza la transparencia del tiempo,
el centelleo de la memoria y la respiración.

Dices que cuando miras hacia atrás
sólo ves la historia desordenada de un hombre al que casi no conoces.

Todas estas imágenes servirán para que estos días felices
no se evaporen,
para que nuestra biografía no sea un cadáver más
en las fosas comunes de la historia.

Un día nos sentaremos
y estrecharemos juntos entre los brazos
la epidemia de felicidad en la que crecemos.

Un día, por unas monedas,
un desconocido comprará en un mercadillo estos vestigios del pasado
y nuestras vidas insignificantes
se prolongarán más allá de los límites
de nuestras vidas insignificantes.

Ambos intentamos usar la memoria
para completar el puzle de nuestras vidas,
prosigues,
pero las piezas se mezclan las unas con las otras:

Tú estuviste presente en todas y cada una de las vacaciones
que pasé esquiando.
Y yo he visto cómo jugabas con tus amigos en el patio del colegio.

Así formamos parte de nuestros recuerdos
antes incluso de ser nosotros,

quiero decir,

        dos turistas que se lanzan a descubrir el mundo
        en el interior de las tiendas de segunda mano.

Soy una mujer que transita sin dolor de mis recuerdos a los tuyos.
La suma de todas nuestras imágenes juntos crea una vida luminosa.

En esta imagen ambos posamos con las montañas a nuestras espaldas:

Mira esa nube de mosquitos que nos impide acercarnos a la ermita.
Mira el rocío iluminar el silencio verde de los jardines,
asomarse a las cuerdas de tender la ropa sin vértigo,
saborear el primer café del día en las sillas de las terrazas.
Mira el rocío colonizar con diminutos fragmentos del paisaje
la carrocería del coche.

Al finalizar la cuenta atrás del temporizador
una ráfaga de fotos
        capta para la inmortalidad
la luz que desprenden nuestros cuerpos.

Sólo tú y yo
conocemos el mundo que existe alrededor de nuestras fotografías.

Mira,
mira cómo inútilmente los servicios de limpieza

continúan barriendo del asfalto
nuestras sombras alargadas

        y los últimos restos de sol.

EL POEMA ES UN RECUERDO SALVAJE

¿Recuerdas aquella noche de ojos cerrados al pie de la naturaleza?

Sobre los árboles, el viento ladeaba la corona de sus cimas.

Y las estrellas se asomaban tímidamente,
como enigmas de luz,
                        al balcón de la bóveda del mundo
para observar el paso de aquella fila interminable de satélites.

A nuestras espaldas
el edificio que nos alojaba, el murmullo de los salones encendidos,
vestigios de una civilización que en ocasiones es necesario dejar atrás.

La humedad del césped trepaba por nuestros huesos
como un ejército silencioso,
y alrededor
                        la muerte y la vida de una naturaleza microscópica.

Si aquella noche el silencio hubiera vuelto a ser bautizado
el sagrado sacerdote del lenguaje
hubiera pronunciado una y otra vez nuestros nombres.

Frente a nosotros, tallados en la oscuridad, todos nuestros recuerdos.

Y de repente,
como latidos de corazón que anuncian la proximidad de lo salvaje
efervescente,
un resuello
        y un zigzag de cascos que nos paralizó de asombro
los pulmones, un relincho de origen, un vibrar de suelo.
Un galope momentáneo que nos puso de rodillas
ante la pulcritud de la noche. Un zarandeo
oscuro a nuestro reposo.

Después,
la oscuridad añadió una transparencia helada a sus ojos cerrados.

Sobre los estratos de rocas y las corrientes subterráneas
creímos comprender entonces este misterio insoportable de siglos.

Agradecimos con profundos besos a la noche
haber recibido la hojarasca
y el viento de la vida.

Nos acurrucamos
buscando el desmayo del amor sobre el paisaje milenario,
ajenos al baile magnético de los planetas.

Miramos entonces hacia la profundidad
y la profundidad
            nos devolvió un halo de pureza.

Sólo nosotros dos
somos capaces de cabalgar desnudos sobre el lomo invisible
de este recuerdo,

un fósforo lanzado al vacío de la noche o del universo,
que es lo mismo,
y cuya claridad tarda en desaparecer lo que dura la vida.

Ninguno lo vimos, pero a ambos aquel caballo nos pareció
el más hermoso del mundo.

El rocío descendió entonces
como si estuviéramos recibiendo una bendición

mientras en otros lugares
una maquinaria ancestral elevaba sin esfuerzo
un nuevo sol fluorescente.

ERAN HERMOSAS LAS CALLES
SIN ASFALTAR DE MI INFANCIA

Esas últimas cigüeñas que alcanzo a ver por la ventana
y que se dirigen a la torre antes de que las campanas volteen las horas,

te pregunto,
¿llevarán en su pico todos esos momentos del pasado
que soy incapaz de recordar?

Me quedo embobado mirando cómo atraviesan
la porción de cielo recortado.
Igual que si estuviera observando un fuego.

Envidio esas historias que me cuentas
en las que toda tu niñez se muestra transparente,
sin la turbiedad con la que el tiempo desdibuja el pasado.

Todas las veces que te fuiste de campamento.
Ese día de invierno bajando libre por la pista nevada
asustando con tus aullidos de alegría
a la gente mala que pudiera ocultarse en el bosque.

En ocasiones,
creo que estos poemas son los únicos recuerdos que me quedan,

pero la paciencia y el tiempo
me devuelven imágenes nuevas que me rescatan de la sequía.

¿Acaso es la belleza lo que propicia el anclaje de los instantes
en el fondo de la memoria?

Los rayos del sol deslizándose por los toboganes
que describen nuestros cabellos,
el pulso de nuestras venas marcando el baile mudo de los astros.

¿Y qué ocurre con las horas banales que he pasado en silencio?
¿Es que no hay belleza en estar solamente rodeado por la nada?

Temo despertarme bajo una sed enorme de niño
y no encontrar esas fuentes en las que nos lavábamos la suciedad
y las heridas.

Recuerdo que la cicatriz del muslo
me la hice al resbalar entre los coches,
que jugábamos a tirarnos piedras entre pandillas,
que en los días de comunión
no importaba que los bajos de los vestidos de las niñas
se mancharan de barro.

Entonces,
　　　　pienso,
sí que eran hermosas las calles sin asfaltar de mi infancia.

Utilizo estos recuerdos para emborracharme de palabras,
para alimentar las hogueras de los inviernos,
para,
        convertidos en aviones de papel,
hacerlos aterrizar con una de sus alas en llamas en el salón de casa.

Rechazo de pleno el consumo veloz del tiempo
mientras me pregunto

quién velará por mi muerte, quién velará por mi muerte, quién velará
por mi muerte.

Cuando camino por mis recuerdos
un crujido frágil de nieve recién caída
aparece bajo mis pies.

Todo ha pasado muy deprisa,

y tú,
        cargada de alegría como las nubes,
sonríes mientras escuchas atenta estos fragmentos del pasado,
quiero decir,
        versos que aspiran a ser una vida.

LOS SILENCIOS DEL CORAZÓN
Y LA SUCIEDAD DE SUS ALREDEDORES

La noche se ha convertido en una de esas películas
en las que un viaje en coche
es la metáfora del hombre que lo conduce.

Las autopistas,
                        arterias que atraviesan de extremo a extremo mi cuerpo,
se sostienen en la soledad de la noche
gracias al resplandor de las gasolineras y al meticuloso rodar
de los vehículos.

Sin proponérmelo,
conduzco hacia lugares de mi memoria que ya no existen
y, sin embargo, el GPS de mi coche
me indica que estoy a punto de llegar a mi destino.

Me detengo en la sobriedad de una vía de servicio. Cierro los ojos.
Dejo pasar el tiempo.

Entre las luces que bailan detrás de mis párpados
se abren paso rostros del pasado.

Algunos me sonríen como agradeciendo el toque sutil de mis dedos
sobre sus corazones,
otros me miran decepcionados por haber cambiado de rumbo.

A veces miro a los ojos de dos o tres
que son incapaces de sostenerme la mirada,
otras soy yo el que atraviesa avergonzado
la multitud de una ciudad.

Todos ellos mueven los labios, pero de su boca no sale ningún sonido,
como en los recuerdos de los astronautas.

Me repito una y otra vez que no se trata de pasar de una escena
a otra del pasado con nostalgia,
sino de encontrar una sombra que brille entre las ruinas de las ruinas
de otros recuerdos,
de contar los años hacia atrás y detenerme en la huella del que fui
antes de que la lluvia ácida me borre,
de escuchar los silencios del corazón
y limpiar de suciedad sus alrededores.

Me froto los ojos y la realidad
tarda unos segundos en recobrar su nitidez.

Temo estar desaprovechando el presente por buscar algún recuerdo
intacto de mi pasado
que me proporcione información de quién soy.

A veces siento la tentación de preguntarles a mis recuerdos
a dónde vais,
qué sabéis de mí,
quién os ha dicho mi nombre y la edad de mis párpados.
Pero ellos atraviesan con prisa las mismas avenidas de mi cerebro,
y su piel adquiere la indiferente transparencia de los peces
que viven en la profundidad del mar.

He dejado olvidados en el patio del que fue mi colegio
a aquellos chicos
con los que primero compartí el mundo.
Me miran botando un balón, con el pelo revuelto y mascando chicle.
¿Me invitan con su paciencia a unirme al juego
o acaso es que nunca me atreví a decirles adiós?

La noche se ha convertido en una de esas películas
en las que un viaje en coche
es la metáfora de una conversación con el fantasma de uno mismo,

y las respuestas siguen sin atravesarme del todo el corazón.

Regreso a casa en silencio
escuchando cómo cae la ceniza de mi memoria
sobre el parabrisas.

Circulo a tan baja velocidad que mi coche transita en modo eléctrico.

MIS OJOS SE VAN ACOSTUMBRANDO A MIS OJOS (I)

«Fotografía número uno»

Igual que tribus nómadas
que hicieran un alto en su acarreo de vida,
antaño también veraneábamos en lagos y ríos.

Sumergidos en el agua, la familia posa mansamente
como una manada de luz al mediodía.
Me observan con cara de extrañeza y amor
como si ellos también miraran una imagen detenida
en el tiempo y en el espacio.

¿Acaso es eso lo que soy,
una estatua que empieza a petrificarse
por los bordes de la memoria?

Observo que todos ellos se parecen a mí,
no sólo se trata del aspecto, sino también del corazón.
Puedo ver cómo late en el interior de sus pechos.

Me asombro, y sonrío como si acabara de comprender
el significado de una palabra sencilla,

                                  «familia» por ejemplo.

Sé que yo también he tenido un pasado,
que una vez mi cerebro registró las luces, las sombras y los colores
de los primeros años de mi vida.
Sé que en algún lugar de este vertedero de recuerdos
duerme al calor de los años alguien que también fui yo,
alguien que también fui yo.

Un remolino de imágenes me ayuda a iluminar los detalles de mi infancia Paso las gruesas páginas de un álbum de fotografías como quien empuja sin esfuerzo los años de una vida Cuarenta años después sonrío y me esfuerzo en sentir los fríos mordiscos del agua Estiro mis dedos para alcanzar la estela desnuda del momento Observando estas imágenes comprendo que el mundo también existía antes de que yo naciera Si miro mucho tiempo las fotografías, ¿sería posible volver a arrellanarse en la despreocupada vida de entonces? Acumulo flores sobre mis recuerdos Descubro en cada gesto un amanecer frágil e interminable

MIS OJOS SE VAN ACOSTUMBRANDO A MIS OJOS (II)

«Fotografía número dos»

Mi padre y yo posamos en solitario
ignorando los años venideros,
él con su mano en mi barriga y yo con la mirada arrugada
por el sol del verano.

Observo fantasmas,
como cuando por las noches me levanto
y el reflejo del espejo me recuerda
que tal vez no vuelva a este lugar.

Conozco esta edad eterna, estas ondas temblorosas
que provienen de los tiempos del primer pasado
gracias a las fotografías.

De la foto acaricio entonces, con una mano el agua,
hago surcos en ella con los dedos. Y con la otra
me agarro a él.
Dos cuerpos que nunca regresan.

Poco a poco mis ojos se van acostumbrando a mis ojos.

Qué bellas las fotografías,
en las que se mira con ojos huecos al futuro,
en las que el latir del corazón es inagotable,
qué relámpago de vida tan de repente
y azul.

❖

Mi nombre aparece en la parte de atrás de las fotografías Como la gestación del fruto en la profundidad de la flor el nacimiento de un recuerdo es un misterio En las fotos no se ve pero imagino que mi padre me cogería en brazos para volver a las piedras de la orilla Ninguno nos acordamos ya del lugar exacto de aquellas vacaciones El calor del cuerpo de mi padre me protege del futuro Los árboles y la montaña difuminada del fondo de las fotografías sirven ahora de decorado para la felicidad de otras familias del siglo XXI

SESIÓN CONTINUA EN EL CINE EMBAJADORES

He muerto cientos de veces
intentando tocar una vez más la mano de la chica que me amaba.

He paseado por los vértices de las últimas estrellas,
vadeado ríos montado a caballo,

sentido en el cuerpo
un delicioso cosquilleo por cada asesinato que he cometido.

Desde que la infancia era todo lo que tenía a mi alrededor,
también habito en el interior de las películas.

Por eso sé que sólo lo que se ilumina desde dentro perdura,
igual que una pintura de Chagall o el corazón de las madres.

Como el amor el amor
                              que es un juego torpe al principio,
la primera vez que fui al cine se me escapaban de los ojos
todas las imágenes.

Yo había ido allí cogido de la mano de mi madre
para ver figuras en movimiento,
similares a las de las cavernas iluminadas por las llamas paleolíticas.

Una superficie blanca,
a la vez mortaja y virgen capaz de alumbrar vida,
ocupaba la atención de mi mirada.

Las pandillas de muchachos desordenaban a su antojo
los latidos de la primera penumbra.
Los pasillos parecían largas pistas de aterrizaje
por donde los más rezagados circulaban llenando el patio de butacas
igual que se acomodan los números en un cartón de bingo.

Miré hacia atrás y una luz partía el aire como un rayo divino.
En su camino, partículas suspendidas
y los rostros de los demás que tenían también los ojos muy abiertos.

Aún no había nacido, no,
pero ¿es posible que la voluntad de los primeros humanos
de vencer a la muerte sea mi primer recuerdo?

Tengo manchadas las yemas de los dedos de roca y húmedo tinte ocre,
de celuloide y luz.

Si estiro mi brazo hacia la pantalla
a mi alcance se encuentra un abanico de manos que proyectan
un saludo jubiloso hacia el futuro.

Yo he pintado todos y cada uno de los animales ocultos
en las profundidades de las cuevas,
y encendido la claridad que les hacen ponerse en movimiento.

Todos los cines se convertirán en casinos o sobre ellos
construirán apartamentos de lujo,
                        gritaba Enrique el loco
                        atravesado por el trance de la sabiduría
mientras señalaba las cimas de los edificios.

He compartido trenes de mercancías repletos de vagabundos
que creían ser dandis,
bailado sobre los bordillos mojados y cantado
                        las últimas notas de mi juventud.

He fumado cigarrillos en la oscuridad de las calles
con el cuello de la gabardina subido
y la lluvia empapando el fieltro de mi sombrero.

He besado en todos los idiomas
a los hombres y mujeres más hermosos de la Historia del Cine
y me he olvidado de respirar.

Sólo recuerdo el título de una de las películas,
pero aquel día y mi madre son míos para siempre.

Qué hermoso movimiento torpe el de las pinturas rupestres
y el de las primeras películas del cine mudo.

La pregunta seguirá siendo la vida
y la respuesta seguirá siendo la muerte.

Fotograma a fotograma observo cómo se encienden las estrellas Se
accede a la magia únicamente con billete de ida Llevo un niño en lo
más profundo del pecho Fuera de campo quizás alguien come palomi-
tas Hay que ser valiente para intercambiar el corazón por luz o sufri-
miento Mis ojos se cruzan con los ojos de una desconocida Entro en
un fotograma que tiembla y un guepardo remueve mis entrañas
Algunas noches sueño con aquella cierva embarazada de trazo negro
que con la luz del fuego parece correr por las praderas

RESPIRO ABRAZADO AL HUMO DE LOS TIEMPOS

Leo poesía en un avión.
¿Quién a estas alturas de la vida lee poesía   en un avión?

A mi izquierda tú,
con los ojos cerrados, con los auriculares puestos
y con el azúcar de las últimas golosinas en los labios.
A tu lado un hombre descalzo duerme apoyado
sobre el respaldo del asiento delantero.
Imagino que tiene cincuenta y tres años.
Su postura me recuerda a la de uno de los fusilados
de los cuadros de Goya.

Ahí abajo,
los últimos suspiros en las camas de los hospitales
se transforman en diminutas lágrimas de ámbar,

y las ciudades fertilizan la noche con su luz
como si fueran brillantes constelaciones vertidas desde el cielo.

Ahí abajo,
alguien está teniendo un orgasmo en el balcón de su casa
mientras ve pasar las luces parpadeantes de este avión.

Me encuentro cómodo formando parte del volumen de las nubes,
de su inabarcable espesura,
de la lluvia que aguarda en su interior a que la ley de la gravedad
altere su calma.

La primera vez que le abrí la ventana a la poesía
sobre mí se derramó el oro de la belleza,
y de mis dedos comenzaron a caer palabras de seda,
y en mi cabeza ya sólo hubo lugar
para una vida y una muerte sublimes,
                    a la altura de un campanario repleto de pájaros.

El cielo nocturno gira como un disco de policloruro de vinilo
manchado de pequeñas motas de polvo.

Tuve una amiga que siempre se preguntaba por la fórmula matemática
que permitía que los aviones se elevaran.

Podría convertirme en un eterno morador de este cielo,
pero también me gustaría poder seguir mirando por la ventana de casa
y ver las ramas de mi olivo agitarse con el aire.

Leo poesía en un avión.
¿Quién a estas alturas de la vida lee poesía   en un avión?

Como a ti, el sueño también me conquista y a mi mente acuden versos
que una vez escribí:

> El pájaro no canta de felicidad para nosotros
> De los senos del cielo brota una galaxia blanca
> Aún no existen ojos que puedan deslumbrarse

En qué momento se cruzó en mi camino el cerro testigo de la poesía,
la prueba de que un misterio lleva enjaulado en cada uno de nosotros
miles de años.

Un verso es una porción de corazón extraída,
un espejo bruñido por el tiempo en el que grabar a punzón
los asalvajados rostros de la memoria.

El rumbo está dispuesto en los instrumentos de pilotaje.

El capitán anuncia que sobrevolamos la frontera,
pero yo sólo intuyo oscuridad y tierras de cultivo.

Tengo a los dioses a mi alcance. Mi mente flota.
Me deslizo por un túnel del viento
hacia el pasado más remoto de mis recuerdos
como quien intenta atravesar una multitud a contracorriente

y veo a un niño que soy yo
saltando con dificultad la valla del colegio un sábado por la mañana.

Así es la memoria, caprichosa con quien sigue respirando
abrazado al humo de los tiempos.

Éste es el mismo cielo que nos lleva dando cobijo desde el primer llanto
y seguirá ahí,

        victorioso,

                más allá de nuestro último quejido.

Podría decir *amor eterno*, pero digo que en el interior del ser humano
se produce un temblor de tránsito.

Me duermo con un libro de poemas sobre el pecho
y mi mano sobre tu pierna.
Así parece aplanarse definitivamente el pulso.

Parte del pasaje parece estar esperando recibir la comunión en una
larga fila que desemboca en las puertas del baño Cada día es uno y
mil a la vez y en ellos se produce la sucesión de nosotros mismos
Amplío mis recuerdos para no perderme los detalles Los asistentes de
vuelo se deslizan por el pasillo igual que las manos de un hábil pia-
nista El universo se expande como un envoltorio de plástico bien arru-
gado Nos cruzamos con la intermitente luz roja de otro avión y por si
acaso saludo a través de la ventanilla

HE MIRADO EN EL INTERIOR DEL OJO DE UNA GAVIOTA Y HE VISTO EL MAR

I

He mirado en el interior del ojo de una gaviota
y he visto la luz de un antiguo día de verano.

Aquella mañana el sol nos había colgado en el cuello
una tórrida medalla de oro.

Mirándola desde la distancia,
la playa era la antesala del desierto,
la quemadura de primer grado en la espalda del planeta.

También he visto que tú y yo paseábamos por el muelle
con nuestro amor dentro de las sombrillas plegadas
y que mirábamos a lo lejos,
hacia donde las montañas se convierten en vapor.

El encanto de la playa reside
en que la mejor forma de llegar a ella es en barco,
me dijiste.

He mirado en el interior del ojo de una gaviota
y he visto en el fondo de mi pecho crecer un enigma.

Aprender a tu lado cómo es la vida siempre es mi recompensa.

II

Si no fuera por aquellos dos puntitos
que ensucian el paisaje al final de la playa,
te dije,
      seríamos dos náufragos consolados por la hoguera del silencio.

También ellos llegaron en el barco en busca de esa frontera húmeda
en donde con las yemas de los dedos se acaricia el vaivén de las olas
y la lámina de arena dorada.

Cargados con los aperos del verano
parecíamos dos exploradores en mitad de un mapa de la antigüedad
sin nombres.

Dentro del agua,
la trayectoria de nuestros cuerpos
era modificada por la biografía de la luz,

y la sal de mar adentro se nos adhería a los labios y al relamernos
sentíamos el deambular eléctrico de los peces
alrededor de nuestros órganos.

He visto cómo nuestras mentes enloquecían al observar el horizonte.
He visto cómo la belleza que teníamos delante
ardía en el mismo instante de ser observada.

Al abrir las sombrillas todo nuestro amor cayó sobre nosotros.

Tesoros que te robo a ti y a las horas del día.

III

He visto en la lejanía
                    un transatlántico
suspendido sobre la fina membrana del horizonte,
y en el breve tiempo en el que cerramos los ojos para besarnos
ya era la nave invasora de nuestros pensamientos.

De repente,
                    el Britanny Ferry,
con la naturalidad de un animal prehistórico sabedor del terreno
ocupando lo ancho de nuestro campo visual.

Saludamos con la mano a los turistas
que minutos después invadirían la ciudad
y eso nos hizo echar de menos todo lo que nos esperaba en casa.

Ya en el barco de regreso
lamentaste que no nos hubiéramos hecho ninguna fotografía.

Mientras el olor a playa era sustituido por el de la gasolina,
aquel paraíso doméstico se alejaba de nosotros
como lo hacen los hijos de sus padres
cuando se convierten en adolescentes.

Su perfil recortado sobre una luz metálica hecha jirones
empequeñecía progresivamente.

Primero era el corazón desacompasado de un moribundo,
después una atracción de feria deshinchada,
y al final una ilusión de nuestra memoria,
un grano de arena,
este poema.

Dudo que nuestros nombres
certificando nuestra legítima posesión de aquel territorio
permanezcan aún escritos en la playa.

SOBRE MI MEMORIA DESCIENDE LA NIEBLA

¿Es posible que una parte de mi identidad
esté formada por secuencias de vida
cimentadas sobre falsos recuerdos?, te pregunto.

¿Es posible que el mundo del pasado que aparece ante mí
sea una ruina inventada?

Es delicado decirse a uno mismo que realidad y ficción
se aman delicadamente.

Una parte apócrifa de mi memoria me dice que mi biografía
está salpicada de momentos que sólo han sido míos
en el engaño de mi imaginación.

El azar, que juega por mí en el casino de la memoria,
a veces lanza su suerte,
y de repente
                la bola de la ruleta que gira en mi cabeza
se detiene en escenas que juraría haber vivido.
Y la sensación siempre es
                la de una pincelada de luz fugaz,
algo así como la cola de un cometa sobre la oscuridad del universo.

Entro en lo que creo que es parte de mi vida
y sobre ella desciende la niebla.

¿Cuánto hay de nosotros en el laberinto de nuestras cabezas
que nunca ha existido?,
te pregunto.

Si cierro los ojos
sé dónde se encuentran todas y cada una de las partes de mi cuerpo.
Pero si cierro los ojos no logro encontrar esa certeza de realidad vivida.

El mapa de calor de mi cerebro muestra una actividad exagerada
en el hemisferio en el que se desarrolla el amor.

Allí me doy de frente con personas que dicen ser yo,
que aseguran tener mi nombre y mi sangre,
la juventud que una vez alcancé,
y aprovecho para preguntarles por ti, por tu risa contagiosa,
por tu melena encendida.

Les pregunto si hasta aquel lugar han llegado noticias
de tu bondad,
pero aquellos que fui dicen que viven anclados para siempre
a miles de kilómetros de la orilla en la que nos encontramos,
que de ti tan sólo perciben una preciosa luz
abierta en sus sueños.

El electrocardiograma de mi corazón marca picos peligrosos
cada vez que desnudo la memoria
y no encuentro lo que busco.

De tanto transitar este misterio
me han nacido llagas en el aire que respiro.

Hay en las noches un desvelo, un latido en el interior de la almohada.

Tú no eres una creación aleatoria de mi mente,
trato de convencerme.
Si digo tu nombre te enroscarás corriendo a mi pecho.
Si pregunto por el rastro que dejas tras de ti
cuando caminas a cámara lenta,
sin duda me contestarán que el de un paisaje
de ciudad lluviosa iluminada.

El sistema de manos libres del coche
reproduce literalmente los emoticonos de tu último mensaje:

    lanzando besos,
        lanzando besos,
            lanzando besos,
                lanzando besos,
                    lanzando besos.

En mi garganta arde la lumbre de la mudez.

Dime que tú no eres uno de esos hologramas
que alivian la vida de los más solitarios.

Recuerdo la visita en blanco y negro de aquel presidente de los Estados Unidos Las amonitas fosilizadas de los lechos secos de los ríos también forman parte de mi vida Si me lo propongo puedo recordar y olvidar todo lo que quiera ¿Es cierto que una vez fuimos de vacaciones sin saberlo por segunda vez al mismo destino? Las imágenes saturadas de color que encuentro de nosotros se transforman cada noche en un videoclip de los años ochenta Las chispas que surgen de los constantes cortocircuitos iluminan los bordes de mi memoria

UN NIÑO DENTRO DE UN CALEIDOSCOPIO

Cada vez que salgo de paseo los perros me ladran y suspiro
al comprobar que mi corazón se contrae
para después
        expandirse como las noches de fin de semana.

Mientras la vida regresa a mis arterias
recuerdo cuando de niño
escondía las manos de los hocicos húmedos de los animales.

Los recuerdos avanzan en la cinta transportadora de la memoria,
como esas bandadas de pájaros
que recorren miles de kilómetros en formación,
relevándose en el vértice,
        afrontando el viento unos y dejándose guiar los demás.

Yo era un niño dentro de un caleidoscopio,
y el insomnio,
con sus fauces de perro apretadas e inexplicables,
circulaba entre mi cabeza y mis pies
como una orquesta de instrumentos desafinados.

¿Cómo dormir si entre los pliegues de las sábanas,
enroscada como esas serpientes de juguete,

la niebla de los malos pensamientos
amenazaba con engullir mis extremidades?

La angustia
            era un trapecista diminuto
que se balanceaba de un lado a otro de mi pecho.

Y la luna,
que golpeaba con sus nudillos iluminados el cristal,
se convertía en el ojo muy abierto de un cadáver.

He forjado mi identidad a partir de recuerdos como éste.

Pero ¿y si estoy equivocado? ¿Y si de tanto repetir en mi cabeza
            la noche me hiere por dentro,
            la noche me hiere por dentro,
            la noche me hiere por dentro
he construido una persona diferente a la que debería haber sido?

¿En qué doblez del tiempo y de la historia se encuentra expectante
esa posibilidad de mí que no recuerdo?

Siempre me ha gustado estar a solas
pero a veces
            la enfermedad del futuro aumenta mi ausencia
y entonces todas las palabras desaparecen de mis labios.

El miedo a no sé qué,

                            quizá a la responsabilidad

de no ser capaz de mantener en equilibrio sobre mi dedo índice

el peso de un horizonte vacío,

aún toma impulso con cada movimiento universal de mi respiración.

LA POESÍA ES MÁS POPULAR QUE JESUCRISTO

Las cigüeñas que picotean las antenas de telecomunicaciones
causan en mí
crujidos de fina capa de hielo
y una confusión de
pálidos espacios pálidos
como los rostros de los desaparecidos.

Doy por ciertas escenas que nunca sucedieron,
especulaciones sobre la cercanía del otro antes de conocernos:

Tú y yo atravesando a la vez un paso de cebra
o coincidiendo en el ascensor de un centro comercial
o paseando por las mismas calles de Londres
o alternando a altas horas de la madrugada
o esperando juntos en la misma sala blanca del mismo centro de salud.

O rozándonos la espalda al pasar cerca el uno del otro.

O manteniéndonos la mirada un miércoles a las doce del mediodía
mientras el silencio del verano
ocupaba el interior de los edificios públicos.

Y, sin embargo, olvido todos esos pequeños detalles que son la vida
y que crecen pacientemente,

gota a gota,

        como la oscuridad de una cueva.

Sueño,

       entonces,

que alguien me dice que los cables que suministran energía
a las neuronas de mi cerebro
han sido mordisqueados por los juguetones ratoncillos de la genética,

          y pienso en un lugar blanco,

tal vez la nieve que caía en la noche de uno de mis cumpleaños,
¿recuerdas?

Temo que la memoria me abandone,
y pido ayuda a la poesía para que me enseñe a respirar
el aire precintado de las habitaciones.

Escucha, escucha,

       te digo,

cómo los poetas erosionan su voz.

Escucha cómo hunden sus versos en el nacimiento de cada latido,
cómo miden con la longitud de las palabras
nuestra insignificante presencia sobre la Tierra.

Lo crucial es lo que nos conduce vivos hasta la muerte:
el trayecto, la lluvia, el placer de mirar.

Toma este libro de poemas que es un puñado de recuerdos
que es una bandada de pájaros
que migra,
        amor,
y busca en cada verso el eco de las ondas gravitatorias,
la detonación profunda que te deje un zumbido metálico en los oídos
y para siempre.

Hasta que no han sido escritos,
todos estos fogonazos de luz
sólo han alumbrado la íntima oscuridad de mis adentros.

Léeme estos versos con tu voz del futuro y yo los descubriré cada vez
como si fueran un amanecer nuevo.

Un poema es la sombra de los buitres sobre los acantilados.
Un poema no es una multinacional.
Un poema es un barco que, sobre el agua, rompe la luz.

Sí, la poesía es más popular que Jesucristo.
La poesía es la memoria de la humanidad.

¿Quién ha dejado las ventanas de esta casa vieja
abiertas de par en par para que huyan
                      de mí con el viento
las tardes de todos los meses de marzo?

Mis poemas tiemblan y mi voz tiembla y mis manos de plata tiemblan.

Entre ambos existe ahora el amor, un vínculo de curiosidad saltarina
y este libro de poemas.

Mis recuerdos son los tuyos
y los nuestros también lo son ya del mundo.

Llamo escritura a todo aquello que brota sin dueño.

Cierro los ojos y mi memoria es un collage desordenado En una oca-
sión cogí un taxi para ver los restos del gueto de Varsovia Vivo contigo
el presente y también la inocente sorpresa de mis olvidos ¿En qué ver-
sos pienso cuando riego las plantas de mi casa? En una ocasión dormí
en el interior de un faro Hace años que no coloco sobre el mueble de
mis padres ríos de papel de plata Hubo un tiempo en el que fui can-
tante de rock and roll Hay algo de recuperación fugaz y pérdida en
todos y cada uno de los poemas que escribo

III

VUELVO A SOÑAR CON UN HOMBRE QUE PODRÍA SER YO DENTRO DE UNOS AÑOS

Un hombre,
                que podría ser yo dentro de unos años,
mantiene su mirada clavada en una fotografía
en la que un hombre y una mujer se besan.

El cuarto en el que se encuentra es el sótano más oscuro de su mente.
El aire que respira está viciado por la enfermedad
y por los fluidos de su propio cuerpo.
La luz que se filtra a través de las cortinas
son los residuos de un sol inútil.

Porque le encanta penetrar en la soledad de los objetos
pasa las horas con la mirada puesta en el reflejo de los cristales.
El frío que hiela su cerebro le impide producir versos.
Su memoria se ha enganchado en una astilla despreocupada de la mesa
y se desteje.

La mujer de la fotografía le dice que ella es la mujer de la fotografía
y que fue tomada delante del espejo de un ascensor
en una ciudad inglesa.

Ella le acaricia la mano,
le ayuda a abrocharse los botones de la chaqueta,
vierte agua en su vaso, pasa las horas con él
hablando en un monólogo alegre,
le recita antiguos poemas de amor.

Un día tras otro le enseña los álbumes familiares.
Le acompaña por esta comitiva de recuerdos muertos
como si ante sus ojos se estuviera celebrando un carnaval tardío.

Quisiera perseguir los ladridos de los perros
que oye más allá de la ventana.
Se asusta al creer que las voces del televisor pertenecen a personas
que están sentadas a su lado.
Olvida los rostros. No comprende del todo las reglas del juego.

A veces, por las noches, en la multiplicada soledad de su mente,
una chispa de lucidez.

Delante de él,
            de repente,
tan vívido el pasado,
y al instante el lloro de sus goznes al cerrar para siempre
las contraventanas.

Entonces tiembla, y llora entre las sábanas,
y se asombra de haber vivido tanto
y se aferra a los recuerdos con uñas y dientes.

Ésta va a ser la última vez que van a arder de luz mis ojos,
piensa, mientras la madrugada sigue cayendo a plomo.

La postal de Pessoa en uno de los pilares de la Praça do Comercio.

Las tardes, en la algarabía de la niñez,
que se prolongaban hasta la madrugada de los balcones
desde donde veía pasar los trenes encendidos.

Los rostros, las caricias, los momentos excepcionales.
El amor, a cuyo lado su vida se alejaba de lo común.

La afilada rúbrica que le dejaron para siempre en un costado.
Las fiestas sin edad. El sol
chocando en una fachada de ladrillos que ya no existe
y derramándose como una gran melena roja sobre sus ojos.

Las conversaciones. El cielo. Mujeres desnudas en mitad de un cuadro.
Poemas que una vez escribió.

Hay días en su memoria
que lleva a cuestas la frágil identidad de los jardines abandonados.
Hay días en su memoria que siente nostalgia de lugares desconocidos.

Ella le acaricia la cara, le besa en los labios.
Repiten juntos el nombre de cada una de las cimas hermosas de la vida
por las que han escalado.

Como el viento en la ropa de los balcones,
el amor aún revuelve sus cabellos.

La mujer de la fotografía soy yo.
La mujer de la fotografía soy yo.

El optimismo que ella le contagia cada mañana al señalar la imagen,
tan perfumados de luz en una ciudad extranjera,
tan dulces en la edad del esplendor,
le provoca una emoción sin nombre,
un gozo superior a todos los demás gozos.

Él la mira sin pestañear,
como otras veces mira el corazón de las últimas manzanas,
la luz sin estrenar del cielo hasta quemarse los ojos,
el movimiento pendular y verde de sus plantas,
como queriendo decir

                      contigo estoy a salvo de todo.
Eres la claridad que celebra el amor a mi lado.

ÍNDICE